AF581353

COURS

DE

TENUE DES LIVRES

EN

VINGT LEÇONS-CONFÉRENCES

1ÈRE LEÇON-CONFÉRENCE

LA TENUE DES LIVRES — SON IMPORTANCE

BUREAU DE COMPTABILITE

29, Avenue Trudaine, 29

PARIS

PRIX : **30** centimes

Imp. Ch. Appel, 41, Boulevard Barbès, Paris

Bureau de Comptabilité
29, Avenue Trudaine
Paris

Cours de Tenue des Livres en 20 Leçons-Conférences par Félix Labiche

1re Leçon-Conférence.

La Tenue des Livres. Son importance.

L'usage de tenir des livres et de prendre note du résultat de ses affaires journalières n'a pas de date d'origine, en tous temps et en tous lieux, celui s'occupant de vente ou d'échange a toujours été soucieux de rechercher les avantages pécuniaires que son trafic pouvait lui apporter.

Chez ceux où règnent en maîtres l'ordre et l'économie, ces deux cariatides du travail, ce besoin est tout à fait instinctif, mais à côté, il y en a un grand nombre qui n'y attache qu'une bien médiocre importance : L'ordre et l'économie y sont remplacés par la négligence et la dissipation, traînant à leur suite la gêne, la dette, puis la ruine, autant d'effets désastreux difficiles à conjurer

Les moyens employés pour l'inscription des écritures de commerce étaient bien rudimentaires, un certain laps de temps a dû s'écouler avant l'adoption définitive d'une méthode régulière et pratique reposant sur des données sérieuses.

En effet, la tenue des livres en *parties doubles* ne remonte qu'à la fin du siècle dernier, et ce n'est même qu'après bien des tâtonnements que ses multiples détails subirent une réglementation définitive.

Cette science nous serait venue d'Italie, où, bien antérieurement à l'époque qui nous occupe, le commerce était très étendu et florissant, cette importation, telle qu'elle nous a été faite, a subi de nombreuses modifications, et ce n'est véritablement que vers 1790 qu'il a été permis d'élaguer les méthodes vicieuses que la routine avait créées et que condamnaient tous les bons praticiens, dont le vif désir était de donner à un travail de cette nature des principes définitifs et absolus.

Ce qu'on appelait alors *Tenue des Livres* n'était que la réunion de modèles et de formules variant selon les auteurs pour former un ensemble inintelligible.

Mais, si nous sommes plus avancés

en *théorie*, avouons franchement que nous ne le sommes guère en *pratique*; puisque l'enseignement de la Tenue des Livres n'est pas encore inscrit au programme des *Études primaires*.

Ne serait-ce pas dans ces premières études que cet enseignement trouverait sa place ?. Les Écoles spéciales de commerce doivent-elles être seules à profiter de cet enseignement de première nécessité ?

Nous ne le croyons pas, et voici pourquoi :

Les élèves qui fréquentent les écoles communales sont enfants de travailleurs, appelés à devenir eux-mêmes travailleurs, c'est-à-dire, employés de commerce, contremaîtres, artisans, etc, etc, la connaissance de la Tenue des Livres leur serait donc tout à fait indispensable et leur permettrait par-là d'occuper une place ou un poste avec avantage, pouvant ainsi se mettre en concurrence avec ceux qui, plus favorisés, ont suivi les cours des écoles supérieures.

Pour amener la vulgarisation de cette science, il faudrait encourager les méthodes *pratiques* et *élémentaires*, les propager par tous les moyens possibles et surtout les mettre à la portée de tous

Tel est le but que nous voulons atteindre

par les Leçons Conférences Commentant dans toutes ses parties notre Traité Élémentaire de Tenue des Livres.

En dehors de ces considérations intimes, et si nous nous plaçons sur le terrain de la Loi, nous trouvons que la tenue des livres de commerce est obligatoire pour tous ceux exerçant les professions de négociants, industriels, banquiers, etc ;

Là, l'interprétation est nette et sans équivoque.

Toute maison doit avoir des livres sur lesquels sont enregistrées ses affaires au jour le jour : Ventes, Achats, payements, recettes, etc, etc, sous peine, en cas de faillite, d'être poursuivi comme banqueroutier simple, en application du § 6 de l'art. 586 du Code de Commerce.

Cette mesure a été rendue obligatoire par une ancienne ordonnance de commerce de Mars 1673, considérée à juste titre comme la première réglementation connue et ayant servi de base à l'édification du Code actuel.

C'est en se reportant à ces deux siècles en arrière, et en lisant le texte de l'art. 1er de cette ordonnance qu'on aura une idée de l'importance attachée déjà à cette époque à la tenue régulière d'un livre (sic) où les marchands, tant en gros qu'en détail devaient inscrire toutes leurs opérations commerciales

En infraction à cet article, et en cas de faillite, les dispositions pénales étaient beaucoup plus rigoureuses que dans le Code actuel, puisque ceux qui n'avaient pas tenu de livres en règle étaient considérés comme des banqueroutiers frauduleux.

La prospérité d'une maison est en raison directe de l'ordre qui y règne et où l'ordre se trouve-t-il? Dans la tenue de livres réguliers. Tout est dans ce dilemme

Les Commerçants sont astreints à avoir un Livre Journal où figurent toutes ses opérations, puis à dresser, au moins une fois l'an, l'inventaire de ce qu'ils possèdent et de ce qu'ils doivent.

Voici du reste la reproduction du § 6 de l'art. 586 du Code de Commerce, mentionné d'autre part:

« Pourra être déclaré banqueroutier simple,
« tout Commerçant failli, qui n'a pas tenu
« de livres et fait exactement d'inventaires, si les
« livres ou inventaires sont incomplets ou irrégu-
« lièrement tenus, ou s'ils n'offrent pas sa vérita-
« ble situation active et passive, sans néanmoins

qu'il y ait fraude. »

Abstraction faite de cette clause particulière, il n'est pas permis de pousser l'insouciance au point de sacrifier ses propres intérêts, en ne consacrant pas quelques instants au relevé de ses écritures, d'autant mieux que l'impossible n'est pas demandé, chacun ayant la faculté de tenir ses livres comme bon lui semble, pourvu que la netteté y soit observée.

Ces notions sont évidemment indispensables, mais il est si facile de les acquérir que ne pas le faire démontrerait une bien mauvaise volonté, pour ne pas dire plus.

Le résumé de cette conférence est une invitation à s'occuper soi-même de ses propres affaires, sans le secours d'un tiers, autant que faire se peut, et à ne rien négliger pour apprendre à diriger sa maison, à l'administrer dans de bonnes conditions. Là est le point capital.

C'est aussi le plus sûr moyen de ne pas être trompé. Si l'employé a la mission de faire son travail avec conscience, le patron a le devoir du contrôle.

Tous deux sont intéressés à des points divers tout en se complétant l'un l'autre.

www.ingramcontent.com/pod-product-compliance
Lightning Source LLC
LaVergne TN
LVHW050517160826
845677LV00003B/1190

* 9 7 8 2 3 2 9 6 1 8 6 3 0 *